Joseph Grasset

Le Psychisme inférieur

Sciences

ISBN : 978-1724775160

10 9 8 7 6 5 4 3 2 1

Joseph Grasset

Le Psychisme inférieur

Sciences

Table de Matières

Section I

Pour comprendre immédiatement ce qu'est le psychisme inférieur, il suffit d'observer et d'analyser les actes d'un somnambule. Pendant toute la durée de sa crise, le sujet est privé du contrôle et de la direction de son psychisme supérieur. On va donc trouver dans le tableau d'une crise de *somnambulisme* une première manifestation très nette de l'activité isolée des centres psychiques inférieurs.

LA DAME SUIVANTE. —… (J'ai vu la Reine) se lever de son lit, jeter sur elle sa robe de nuit, ouvrir son cabinet, prendre du papier, le plier, écrire dessus, le lire, le cacheter ensuite, puis retourner se mettre au lit ; et pendant tout ce temps-là demeurer dans le plus profond sommeil.

LE MEDECIN. — Il faut qu'il existe un grand désordre dans les fonctions naturelles, pour qu'on puisse à la fois jouir des bienfaits du sommeil et agir comme si l'on était éveillé…

LA DAME SUIVANTE. —… (*Entre lady Macbeth avec un flambeau.*) Tenez, la voilà qui vient absolument comme à l'ordinaire ; et, sur ma vie, elle est profondément endormie…

LE MEDECIN. — Vous voyez que ses yeux sont ouverts.

LA DAME SUIVANTE. — Oui, mais ils sont fermés à toute impression.

LE MEDECIN. — Que fait-elle donc là ? Voyez comme elle se frotte les mains. LA DAME SUIVANTE. — C'est un geste qui lui est ordinaire : elle a toujours l'air de se laver les mains ; je l'ai vue le faire sans relâche un quart d'heure de suite.

LADY MACBETH. — Il y a toujours une tache… Va-t'en, maudite tache ; va-t'en, te dis-je. Une, deux heures. Allons, il est temps de le faire. L'enfer est sombre !… Mais qui aurait cru que ce vieillard eût encore tant de sang dans le corps !… Lavez vos mains, mettez votre robe de nuit, ne soyez pas si pâle… Au lit, au lit. On frappe à la porte. Venez, venez, venez, donnez-moi votre main. Ce qui est fait ne peut se défaire. Au lit, au lit, au lit ! (*Elle sort.*)

LE MEDECIN. — Va-t-elle retourner à son lit ?

LA DAME SUIVANTE. — Tout droit.

Comme le dit très bien le médecin de Shakespeare, le somnambule jouit des bienfaits du sommeil et agit comme s'il était éveillé. A un certain point de vue même, il agit mieux que s'il était éveillé : il peut se promener sur un toit et parcourir une corniche sans vertige, n'ayant pas la vision du danger et avec un équilibre instinctif et automatique bien supérieur à l'équilibre conscient et averti de l'état de veille.

Il y a de l'intelligence dans les actes du somnambule. Non seulement il coordonne ses mouvements, évite les obstacles qu'il rencontre, mais encore il parle et écrit correctement des choses sensées ; il ne délire pas ; il reproduit une scène qu'il a déjà vécue antérieurement ou qu'il pourrait vivre le lendemain. J'ai vu un soldat faire très correctement, pendant sa crise, tous les exercices militaires. Le sujet de Voltaire se levait, s'habillait, faisait la révérence, dansait le menuet, se déshabillait et se recouchait. L'abbé de Diderot se levait, écrivait ses sermons, les relisait, les corrigeait ou les annotait. Si on substituait une feuille blanche à celle sur laquelle il écrivait, il corrigeait sur cette feuille blanche, se relisant dans sa mémoire... Les actes du somnambule sont donc psychiques,[1] appartiennent au monde psychique ou intellectuel.

Cependant, d'autre part, lady Macbeth tient des propos qu'elle se garderait bien de tenir à l'état de veille. Elle voit le flambeau qu'elle tient et voit les portes qu'elle ouvre et ferme, les vêtements qu'elle a mis, son lit qu'elle a quitté et qu'elle regagne ensuite. Mais elle ne voit pas, avec ses yeux ouverts, le médecin et la dame suivante. Elle ne les entend pas échanger leurs impressions. Non seulement elle ne les reconnaît pas ; mais ils n'existent pas pour elle.

Elle reçoit donc des impressions du dehors ; ces impressions arrivent assez haut dans son cerveau pour lui permettre de se vêtir adroitement, d'écrire correctement, de marcher sans trébucher, sans heurter même les personnes qu'elle ne voit pas, mais ces

---

1 Je crois bon de laisser au mot « psychique » son sens ancien qui est celui du radical de « psychologie » et qui en fait un synonyme d'intellectuel : un phénomène psychique est un phénomène dans lequel il y a de la pensée. Ce n'est donc pas, comme le voudraient certains contemporains, un phénomène « occulte » ou « supranormal. » Je ne m'occupe pas, dans cet article, de ce qui fait l'objet de la *Society for psychical Research*, des *Annales des Sciences psychiques* et du livre de Maxwell ; je ne m'occupe pas de ce que Myers appelle les rayons X du spectre psychique, au-delà du violet ou du rouge.

impressions n'arrivent pas jusqu'à sa conscience, jusqu'à sa volonté. Et alors elle parle inconsciemment et involontairement. Au réveil, elle aura totalement oublié toute cette scène que jamais ses centres psychiques supérieurs n'auraient autorisée, s'ils avaient été avertis.

En d'autres termes, les centres psychiques supérieurs du somnambule continuent à dormir, sont annihilés, n'exercent aucune de leurs fonctions habituelles de direction et de contrôle ; et ses centres psychiques inférieurs, émancipés de ce contrôle volontaire et conscient, livrés à leur activité propre qui est automatique et inconsciente, font des actes dans lesquels il y a de la pensée comme à l'état de veille, mais dans lesquels il n'y a ni prudence ni haute raison et qui, à cause de cela, paraissent déraisonnables et fous.

Dans cette simple et admirable scène de Macbeth nous trouvons nettement indiqués les caractères du psychisme inférieur, (le *subliminal*[1] de Myers, la région qui reste au-dessous du *seuil* de la conscience), caractères qui prouvent son existence-et le différencient du psychisme supérieur. Ces caractères sont : l'*automatisme* et l'*inconscience*.

Le somnambule est le plus souvent un malade. Mais le sommeil naturel de l'homme bien portant, avec ses rêves, permet de voir que cette activité psychique inférieure n'appartient pas exclusivement à l'état pathologique, mais est une fonction de la vie normale.

Dans le sommeil naturel, les centres psychiques supérieurs dorment, se reposent, n'exercent pas leur contrôle et leur direction habituels et, comme dans le somnambulisme, quoique à un moindre degré, les centres psychiques inférieurs agissent pour leur propre compte ; d'où le double caractère d'intelligence et d'illogisme que présentent les rêves.

On sait tout le travail intellectuel qu'on peut faire dans le sommeil : l'écolier apprend la leçon qu'il a lue avant de s'endormir, Tartini trouve sa sonate du diable, La Fontaine compose ses *Deux Pigeons* et Voltaire modifie tout un chant de la *Henriade*... Il y a donc vraiment dans le sommeil des actes psychiques, intelligents.

Mais, en même temps, il y a de l'illogisme dans le rêve qui est dirigé le plus souvent par des associations bizarres de mots et

1 J'ai emprunté beaucoup de documents aux ouvrages de Myers, sans être tenté de le suivre dans ses applications du « subliminal » à la télépathie, à la communication avec les morts et en général à l'occultisme.

d'images ou par des sensations internes ou provoquées. Un bruit de cloche, réellement entendu, paraîtra un glas funèbre et fera assister le rêveur à son propre enterrement ou à celui d'un ami. A un sujet endormi Maury chatouille avec une plume les lèvres et l'extrémité du nez ; le dormeur rêve qu'on le soumet à un horrible supplice : des brigands lui mettent un masque de poix sur la figure, puis le lui arrachent en lui déchirant le visage. Un jeune homme, cité par Galien, rêve qu'il a une jambe en pierre : c'était le premier signe d'une paralysie qui se déclare peu après. Pour rêver d'un très beau jardin avec de l'eau et des fleurs, Mme Rachilde n'a qu'à regarder avant de s'endormir le bouchon de cristal bleu taillé à facettes d'un flacon en même temps qu'elle touche une étoile de soie verte…

N'étant plus dirigés par les centres supérieurs, les centres psychiques inférieurs sont, dans le sommeil, ainsi dirigés par des impressions quelconques, superficielles ; d'où des associations et des successions d'idées et d'images sans lien logique.

Et, comme lady Macbeth, l'homme endormi perd toute prudence et toute discrétion et révèle, dans certains rêves parlés, des secrets dont, à l'état de veille, ses centres supérieurs ne lui auraient jamais permis de parler.

Dans le sommeil naturel nous trouvons donc une deuxième manifestation très nette, celle-ci physiologique et sans maladie d'aucun genre, de l'activité émancipée des centres psychiques inférieurs.

Chez l'homme normal éveillé, on peut aussi surprendre l'activité isolée de ce psychisme inférieur, quand les centres supérieurs sont fortement absorbés par une pensée et oublient ainsi d'exercer leur contrôle normal sur les centres inférieurs : c'est l'état de *distraction*.

Quand Archimède sort dans la rue en costume de bain, en criant : « Eurêka ! » il marche avec ses centres inférieurs à la façon d'un somnambule ; seulement ses centres supérieurs, au lieu de dormir, sont complètement absorbés par l'élaboration et la contemplation de son problème.

C'est ainsi que La Bruyère dit de Ménalque : « Il pense et il parle tout à la fois, mais la chose dont il parle est rarement celle à laquelle il pense. » Il pense bien à ce qu'il dit, mais il n'y pense qu'avec son psychisme inférieur, tandis que ses centres supérieurs pensent à autre chose.

Quand Xavier de Maistre sort pour aller à la Cour et se retrouve à la porte de Mme de Hautcastel, à un demi-mille du Palais-Royal, c'est avec ses centres psychiques inférieurs qu'il s'est dirigé, tandis que ses centres supérieurs pensaient à l'art. Ensuite son psychisme supérieur revient à la conscience des choses pratiques, reprend la direction du mouvement et l'*autre* remet la *bête* dans le droit chemin. C'est encore sous l'action du psychisme inférieur, émancipé et désagrégé, que Xavier de Maistre fait et prend le café, se brûle les doigts en faisant griller le pain et, sans M. Joannetti, mettrait ses bas à l'envers et sortirait sans épée.

C'est toujours avec son psychisme inférieur qu'au moment le plus difficile de la bataille de Wagram, Napoléon (au dire du général de Lowenstein) descend de cheval, se met à cueillir des fleurs et des épis, en fait un bouquet, puis le défait et recommence ainsi une demi-douzaine de fois.

On retrouve dans ces actes du distrait les caractères d'*automatisme* et d'*inconscience dans le psychisme* que nous ont révélés déjà les actes du somnambule et du dormeur.

De ceci nous pouvons conclure dès à présent qu'il faut distinguer, chez l'homme, la fonction psychique supérieure et la fonction psychique inférieure. A la première appartiennent les actes conscients, volontaires, libres, dont le sujet est responsable ; à la seconde, les actes inconscients, automatiques, involontaires et n'entraînant pas de responsabilité.

A l'état normal, ces deux ordres de fonctions s'intriquent, se superposent et les deux ordres de centres collaborent d'une manière tellement inextricable qu'il est impossible de distinguer le rôle spécial de chacun d'eux.

Pour analyser et étudier à part le psychisme inférieur, il faut prendre des états, soit physiologiques soit pathologiques, dans lesquels les deux ordres de centres psychiques se dissocient, se désagrègent, l'un se reposant pendant que l'autre travaille ou les deux étant simultanément occupés à des choses disparates et différentes.

Nous venons de mentionner trois de ces états de désagrégation des psychismes : le somnambulisme, le sommeil, la distraction. Il y en a d'autres qu'il faut connaître pour comprendre l'étendue et l'importance de la question.

C'est d'abord l'*hypnose*, c'est-à-dire le sommeil provoqué dans lequel est plongé le sujet qu'on a hypnotisé, par la fixation du regard ou de toute autre manière.

Dans cet état, les centres supérieurs de l'hypnotisé dorment, n'exercent plus leur action régulière sur les centres psychiques inférieurs. Ceux-ci sont dans un état spécial de malléabilité et d'impressionnabilité qui leur fait accepter toutes les directions de l'hypnotiseur. C'est l'état de suggestibilité, dans lequel l'hypnotiseur fera éprouver au sujet les sensations qu'il veut et exécuter les actes qu'il veut.

« Voici une orange délicieuse, mangez-la, » dit l'hypnotiseur en tendant un affreux citron, et le sujet mord à pleines dents dans le citron et éprouve le goût de la mandarine. On supprime à l'hypnotisé certaines sensations, en ne lui laissant percevoir qu'un petit nombre d'autres ; on lui crée une sensibilité élective comme celle du somnambule. Immédiatement ou un certain temps après, on lui fait plonger un couteau à papier dans la poitrine d'un individu désigné, on l'oblige à voler une montre ou à exécuter tel acte indélicat qui répugne à ses principes et à ses habitudes. On peut même influencer des fonctions normalement soustraites à l'action de la volonté : on purge par suggestion.

Tout cela, le sujet le fait avec son seul psychisme inférieur. Car le sujet hypnotisé est toujours un être dont l'activité psychique est réduite à celle de son psychisme inférieur. Et ce psychisme inférieur se laisse suggestionner par l'hypnotiseur comme celui du dormeur naturel se laisse diriger, dans le rêve, par un voisin éveillé. Dans ces caractères on trouve les éléments d'une différenciation bien nette entre la *suggestion* d'une part et la persuasion, le conseil, la prédication de l'autre.

Bernheim, qui a tant fait pour l'édification symptomatique de l'hypnotisme, l'a ensuite détruite de ses propres mains en identifiant la suggestion à tout autre mode d'action et d'influence d'un psychisme sur un autre. La suggestion, dit-il, est « l'acte par lequel une idée est introduite dans le cerveau et acceptée par lui. » Alors l'enseignement, la lecture, la conversation, les spectacles, tout est suggestion. C'est une confusion de langage Et, comme dit M. Pierre Janet, « on voit décrire sous le même nom la leçon d'un professeur à ses élèves et les hallucinations provoquées chez une hystérique. Il n'est plus possible de distinguer la maladie mentale, qui est pourtant une triste réalité, de l'état psychologique normal.[1] »

Pour qu'il y ait suggestion au vrai sens scientifique du mot, il faut qu'il y ait hypnose, c'est-à-dire désagrégation chez le sujet des centres psychiques supérieurs qui dorment, et des centres psychiques inférieurs qui se laissent influencer et diriger par l'hypnotiseur. Tout autre est la persuasion qui s'adresse à l'entier psychisme de l'auditeur et ne cherche nullement à le désagréger préalablement.

Quand j'écris ces lignes, je m'efforce de convaincre l'entier psychisme du lecteur ; je m'adresse à son psychisme le plus élevé, cherchant son assentiment raisonné ; je laisse à mon lecteur son libre examen et sa faculté de contrôle, tandis que l'hypnotiseur supprime d'abord chez le sujet toute l'action, libre et responsable, de contrôle des centres supérieurs, et aux centres inférieurs, ainsi désemparés, il impose sa propre manière de voir, que le sujet subit et accepte par force.

L'hypnose, sommeil provoqué par les pratiques de l'hypnotisme, état de suggestibilité, est donc une nouvelle manifestation de l'activité émancipée des centres psychiques inférieurs.

Dans cet état d'hypnose, le psychisme inférieur n'est pas toujours passif ; il manifeste parfois son activité propre. C'est ce qui arrive quand on change, par suggestion, la personnalité d'un sujet. Par ordre, l'hypnotisé devient général ou archevêque ; et alors il parle et agit suivant l'idée que ses centres psychiques inférieurs se font d'un général ou d'un archevêque. Nous voyons apparaître là l'imagination du psychisme inférieur, que nous allons retrouver à un bien plus haut degré dans le *spiritisme*.

C'est avec les *tables tournantes* qu'a commencé le spiritisme moderne ou contemporain. Car, des tables tournantes sont sorties les tables frappant des coups, parlant, écrivant, dansant, qui sont les agents primitifs du langage médiumnique et, par suite, du

---

1 « L'École de Nancy, dit Myers, parle de la suggestion comme si elle était comparable à la persuasion supraliminale, à un effort supraliminal. J'ai essayé de montrer que son efficacité réelle tient à des processus subliminaux... »

spiritisme.

Dans les tables tournantes apparaissent les mouvements involontaires et inconscients du psychisme inférieur, à l'état de veille, sans sommeil ni spontané, ni provoqué. Dans ces expériences, ce sont les centres psychiques inférieurs qui poussent la table, sans que le sujet en ait conscience ou le veuille dans ses centres supérieurs.

Quand plusieurs personnes, sérieuses et d'absolue bonne foi, sont réunies autour d'une table, il y a un psychisme inférieur plus expansif que les autres qui commence à pousser, et alors tous les autres assistants poussent dans le même sens, toujours avec leur psychisme inférieur, c'est-à-dire involontairement et inconsciemment.

Nous retrouvons ces mêmes mouvements, involontaires et inconscients, du psychisme inférieur, dans la *baguette divinatoire*, cette baguette de coudrier que les « sourciers » et les chercheurs de trésor (je ne parle toujours que des expérimentateurs de bonne foi) tiennent dans leurs doigts et qui tourne au bon endroit signalé par leurs centres psychiques inférieurs ; — dans le *pendule explorateur*, formé d'une bague au bout d'un fil, qu'on tient suspendu dans un verre et qui frappe sur ce verre le nombre de coups que détermine le psychisme inférieur, toujours à l'insu du psychisme supérieur ; — chez les *liseurs de pensée*, qui font des expériences de *cumberlandisme* : un individu qui pense fortement à une cachette, appuie son doigt sur la tempe d'un sujet qui cherche, les yeux bandés, à découvrir l'objet caché ; le premier pousse et dirige le second vers le but désiré par une série de mouvements inconscients et involontaires, c'est-à-dire toujours par des manifestations de l'activité émancipée du psychisme inférieur.

Dans toutes ces expériences, il n'y a ni évocation d'esprit, ni fluide, ni divination, ni vraie lecture de pensée. Il n'y a que des centres psychiques inférieurs qui agissent à l'insu de leurs centres supérieurs de contrôle et, par suite, ne donnent jamais que des renseignements déjà connus par eux, sans originalité, ni nouveauté prophétique.

Quand on fait des recherches de ce genre, on s'aperçoit rapidement que les expériences ne réussissent pas également avec tout le monde. Il y a des personnes avec lesquelles rien ne réussit, et, inversement, il y a des personnes qui ne peuvent pas mettre leurs doigts sur une assiette sans qu'elle tourne, à leur grand effroi d'ailleurs.

Ces sujets chez lesquels l'activité du psychisme inférieur émancipé se manifeste ainsi plus facilement sont des *médiums*, Les médiums sont des sujets dont les centres psychiques inférieurs sont plus actifs ou du moins se désagrègent plus facilement de leurs centres supérieurs et surtout font plus rapidement passer leur pensée dans les doigts, extériorisent plus vite leur pensée. Leur psychisme inférieur est plus expansif, il gesticule plus facilement, il est plus *méridional*.

De plus, le psychisme inférieur du médium a beaucoup d'imagination, et alors les expériences se compliquent et se perfectionnent. Les vrais médiums dédaignent la table ; ils écrivent avec un crayon (écriture automatique) ou parlent directement et causent.

Le médium n'est pas constamment dans cet état de désagrégation de ses centres psychiques et d'isolement de son psychisme inférieur qui fait réussir les expériences. Quand il veut donner une séance, il faut qu'il se mette dans un état particulier, que l'on appelle *transe*. Quand le médium est en transe, il dédouble sa personnalité, supprime momentanément l'action de son psychisme supérieur et ne vit plus, au moins en apparence, que par son psychisme inférieur.

C'est dans cet état qu'éclatent le plus brillamment l'activité propre et l'imagination du psychisme inférieur émancipé.

Les actes intellectuels ou psychiques se divisent donc en deux groupes différents : les actes psychiques supérieurs, volontaires et conscients, et les actes psychiques inférieurs, automatiques et inconscients. Certains auteurs, Pierre Janet, Joffroy et d'autres veulent que ces deux modalités de l'activité psychique soient des degrés divers de la fonction des mêmes centres. Je ne le crois pas. Tout paraît démontrer qu'au contraire il y a deux ordres de centres psychiques comme il y a deux ordres de phénomènes psychiques : des centres psychiques supérieurs et des centres psychiques inférieurs.

Une première preuve de l'existence indépendante de ces deux ordres de centres psychiques vient de ce fait qu'à l'état normal, dans l'état de distraction, les deux ordres de centres peuvent fonctionner simultanément et dans des directions différentes. Ce n'est pas avec les mêmes éléments nerveux qu'Archimède est sorti de sa baignoire, et qu'il trouve et proclame son problème. Ce n'est pas avec les mêmes éléments nerveux que la chanteuse, citée par Darwin, répète avec expression un passage difficile et suit les phases de l'agonie de son canari, qui se meurt au même moment dans un coin de la pièce.

En second lieu, il y a des maladies qui altèrent certains de ces centres et des maladies qui en altèrent d'autres. Il y a des maladies du psychisme inférieur et des maladies du psychisme supérieur. Et le siège, dans le cerveau, de ces maladies n'est pas le même dans les deux cas.

On est arrivé ainsi à voir que les altérations portant atteinte aux fonctions psychiques les plus élevées siègent plus spécialement dans la partie tout à fait antérieure du cerveau, dans l'écorce des lobes frontaux.

Donc, il y a des centres psychiques supérieurs et des centres psychiques inférieurs. Ils siègent les uns et les autres dans l'écorce du cerveau (la partie la plus élevée des centres nerveux), mais sont distincts les uns des autres.

C'est pour exprimer et enseigner ce fait que j'ai adopté un schéma dans lequel les centres psychiques inférieurs forment un *polygone* au-dessous d'un point O qui représente et synthétise les centres psychiques supérieurs ; ce qui me fait, par ellipse, employer souvent le mot polygone ou polygonal comme synonyme de psychisme inférieur ou psychique inférieur, et le mot centre O pour désigner les centres du psychisme supérieur.

On peut, sur le langage pris comme exemple, clairement synthétiser ce que je viens d'exposer sur le double psychisme.

Quand je parle ou quand j'écris volontairement et consciemment, (comme je fais actuellement), tous mes centres psychiques interviennent dans la décision et l'exécution de l'acte. Mais si je copie une page qui ne m'intéresse pas et en pensant à autre chose, si même je lis tout haut en dictant sans y faire attention, mes centres polygonaux (psychiques inférieurs) sont seuls occupés à l'acte, et je peux en même temps, avec mon O, associer des idées, réfléchir, composer même.

Il y a donc un langage automatique dans lequel n'interviennent que les centres psychiques inférieurs et un langage volontaire et réfléchi qui nécessite l'intervention des centres supérieurs.

Quand un sujet a l'esprit (supérieur) très occupé à une chose, vous pouvez parfois lui poser une question à laquelle il répondra automatiquement, sans y faire attention, sans en avoir conscience, sans interrompre ses méditations ; et, quoiqu'il ait répondu à la question, il semble qu'il ne l'ait pas entendue et ne garde aucun souvenir ni de la demande, ni de la réponse.

De même il y a une écriture automatique qui, chez les sujets très disposés, devient un bon moyen de faire causer les médiums, et semble dans certains cas un moyen de correspondance des esprits évoqués.

Quand Hélène Smith, le médium si bien étudié par Flournoy, fait apparaître Victor Hugo réincarné, celui-ci lui fait des vers ; seulement c'est le psychisme inférieur d'Hélène Smith qui est seul en cause, et il fait des vers de mirliton :

L'amour, divine essence, insondable mystère,

Ne le repousse point, c'est le ciel sur la terre.

L'amour, la charité seront ta vie entière ;

Jouis et fais jouir, mais n'en sois jamais fière.

Voilà du langage automatique ou polygonal : tout se passe dans les centres psychiques inférieurs désagrégés de leur centre O.

A côté de ce langage automatique, il y a le langage volontaire, conscient et réfléchi, dans lequel tous les centres psychiques interviennent, centre O compris.

Les exemples, déjà nombreux, que j'ai cités pour bien montrer l'activité propre du psychisme inférieur ne sont encore pas les seuls. Il y a dans la vie normale bien des actes dans lesquels la désagrégation n'est pas complète entre les deux psychismes, dans lesquels par suite le psychisme inférieur ne fonctionne pas seul, mais dans lesquels l'action polygonale prend une importance assez prédominante pour qu'on puisse la reconnaître et la distinguer.

Tels sont les actes d'instinct, d'habitude, de passion, d'entraînement grégaire…

Les notions accumulées en nous par l'hérédité et qui constituent ce que l'on appelle l'*instinct* sont conservées dans les centres psychiques inférieurs : quand on agit instinctivement, on agit polygonalement. Les centres supérieurs ne connaissent l'instinct que pour le discuter et souvent le combattre. Quand, sans raisonner ni réfléchir, on obéit machinalement, aveuglément, à l'instinct de la conservation ou à l'instinct de continuation de l'espèce, on fait exclusivement acte de psychisme inférieur.

Quand on fait un acte pour la première fois, on y applique son entier psychisme ; quand on répète cet acte, il devient plus facile, le centre O s'en désintéresse, et quand l'acte est entré dans le domaine de l'*habitude*, il est devenu polygonal. L'écolier qui apprend à jouer du piano ou du violon est dans l'impossibilité de penser à autre chose pendant qu'il joue ; un artiste très exercé fera sa partie dans un orchestre pendant toute la durée d'un opéra ancien tout en échangeant avec son voisin ses impressions sur la composition de la salle. Au contraire, pour une pièce nouvelle, comme dit Myers, le musicien l'exécutera « avec l'attention la plus concentrée, afin d'empêcher cette exécution de devenir automatique avant qu'il ait appris à rendre la pièce comme il le désire. »

La *passion* aveugle, dit-on habituellement ; elle annule le centre O et toutes ses actions de contrôle, de jugement et de haute intelligence. C'est le psychisme inférieur qui agit exclusivement chez l'homme emporté par la colère.

Il y a une psychologie spéciale des *foules*, aujourd'hui bien étudiée. Une des caractéristiques du psychisme des collectivités, de ce que l'on appelle l'esprit *grégaire*, est certainement l'abdication des centres O de tous les individus qui composent la foule ; ils n'agissent plus que par leur polygone désagrégé. Et la direction de tous ces psychismes inférieurs désemparés est exercée tout entière par le centre O du *meneur*. Seul, le *berger* agit avec ses centres psychiques supérieurs sur le *troupeau* des polygones désagrégés.

Section II

Voilà l'*existence* du psychisme inférieur démontrée. Il faut l'analyser maintenant dans son fonctionnement ; cela montrera l'*importance* de cette fonction.

Les centres psychiques inférieurs sont, comme les supérieurs, susceptibles de recevoir des impressions (sensations et images), ils ont de la mémoire, ils associent les images et les idées, comparent, jugent, imaginent même, interviennent dans la production littéraire et artistique, veulent et agissent..., tous ces actes ayant seulement ce caractère propre, qui les distingue, d'être involontaires, automatiques, inconscients, et de ne pas entraîner de responsabilité chez le sujet.

Voilà les divers points qu'il faut mettre en lumière pour donner une idée suffisante du psychisme inférieur.

Quand, par un de nos sens, une impression, visuelle, auditive ou autre, arrive jusqu'aux centres psychiques supérieurs, elle y produit ce que l'on appelle une *sensation*. Si cette impression n'arrive qu'au polygone, elle n'éveille pas de phénomène de conscience, elle n'est pas perçue par le sujet. Elle est cependant recueillie et utilisée par les éléments nerveux des centres psychiques inférieurs.

On démontre la chose en analysant les mouvements qui sont la conséquence de l'arrivée de cette impression dans le psychisme inférieur.

Le somnambule ne voit pas les personnes qu'il rencontre, les précipices qu'il côtoie. Même quand ils sont ouverts, ses yeux sont, comme dit Shakespeare, fermés à toute impression. Et cependant il longe très adroitement une corniche étroite, descend un escalier, ouvre et ferme une porte. Les impressions visuelles n'atteignent pas le centre O, puisqu'il n'en a pas conscience ; mais elles atteignent les centres psychiques inférieurs dans lesquels s'élaborent les actes compliqués de la marche, de la parole, de l'équilibre...

Le militaire, dont j'ai parlé, après avoir fait l'exercice, faisait son paquetage avec beaucoup de soin ; puis il faisait le ménage de la salle, astiquant tout, manœuvrant à travers les verres et les bouteilles sans les casser... Son polygone recevait donc bien des impressions, qu'il utilisait pour les actes à accomplir.

Ces actes automatiques et inconscients qu'exécute le somnambule peuvent atteindre un extrême degré de complexité, dans les formes que l'on appelle crises d'*automatisme ambulatoire*.

Charcot a observé un sujet, dont l'histoire est restée classique : il sort, dans Paris, chargé par son patron de toucher de l'argent ; à un moment donné, il perd la conscience et la mémoire, oublie même son cocher et s'éveille, huit jours après, dans une ville inconnue, sur un pont, à côté d'un régiment dont la musique l'avait éveillé. Craignant les quolibets, il n'ose pas demander le nom de la ville où il se trouve ; il demande seulement le chemin de la gare ; et, là, il lit avec stupéfaction « Brest ; » il avait fait le voyage en chemin de fer, avait pris son billet, avait évité une série d'obstacles, avait mangé en route, peut-être couché quelque part, avait dépensé 200 francs sur les 900 qu'il avait touchés pour son patron…, avait donc eu une série de sensations, toutes restées inconscientes, dont aucune n'avait été perçue par son centre supérieur et dont aucune n'avait laissé la moindre trace dans sa mémoire. Il a la malheureuse idée de se mettre sous la protection d'un gendarme, à qui il montre une ordonnance de Charcot, et qui lui répond : « C'est bien ; je connais ça, » puis le conduit au poste. On le fait coucher dans une casemate sur la paille, pendant qu'on télégraphie au patron pour contrôler son récit. Le patron répond télégraphiquement : « Maintenez l'arrestation ; l'argent qu'il porte est à moi. » Après une série de transferts, du poste au Palais et du Palais à la prison (où il reste dix jours), il peut enfin rentrer à Paris, où il est remercié par son patron ; et la Société de secours mutuels dont il est membre lui refuse des subsides sous prétexte que sa maladie est causée par l'intempérance.

Voilà bien une malheureuse victime des dévergondages de son polygone émancipé.

Sans recourir à des malades, nous avons, dans la vie ordinaire, la preuve quotidienne de l'existence des impressions qui ne dépassent pas les centres psychiques inférieurs.

Dans le sommeil naturel, le polygone perçoit certaines impressions venues de l'extérieur, puisque ces impressions peuvent diriger les rêves.

Chabaneix, dont, j'ai déjà utilisé l'intéressant travail, conte que

Léon de Rosny disposait des boîtes à musique qui à un moment de la nuit, reproduisaient près de son lit des airs se rattachant, par un lien quelconque, aux personnes qu'il voulait évoquer dans ses rêves.

Chez l'homme éveillé, on peut aussi saisir la preuve de l'existence de ces impressions qui vont aux centres psychiques inférieurs, ne les dépassent pas, mais se traduisent par des mouvements automatiques et inconscients souvent compliqués.

Ainsi, vous marchez sur un trottoir, en causant avec animation, l'esprit très occupé par une pensée qui vous absorbe : automatiquement, vous marchez, vous évitez les obstacles, si la pluie commence à tomber, vous ouvrez votre parapluie, en faisant tous les mouvements, souvent compliqués, nécessaires pour ne pas accrocher les parapluies des passants ; vous vous garez des flaques d'eau et des éclaboussures des chevaux ; si vous rencontrez une dame, vous descendez du trottoir ; vous pouvez même la reconnaître et la saluer… Et, pendant tout ce temps, vous continuez à suivre votre idée première ; votre centre O reste absolument étranger à tout ce que vous sentez et à tout ce que vous faites : rentré chez vous, vous serez incapable de dire s'il a plu ou non et qui vous avez rencontré.

Donc, comme le disait déjà Gerdy en 1846, « il faut s'habituer à comprendre qu'il peut y avoir sensation sans perception de la sensation. » Ce sont les sensations du psychisme inférieur, perçues uniquement par le polygone, et ne se révélant que par les mouvements automatiques qui les utilisent.

Ceci permet de comprendre les bizarreries que présentent certains malades.

Les hystériques ont souvent des parties de leur corps devenues insensibles, *anesthésiées*. Si une malade de ce genre a une anesthésie complète des deux membres supérieurs (mains et doigts compris) elle ne sentira, dans ces régions, aucune piqûre même profonde. Et cependant, avec ces mains insensibles, elle boutonnera ou déboutonnera sa robe les yeux fermés, elle se coiffera, plaçant adroitement dans ses cheveux des épingles qu'elle ne voit pas et qu'elle ne sent pas.

Bien des personnes verraient là des preuves de simulation. Il n'en est rien.

Le sujet ne sent pas les objets, en ce sens que l'impression partie du contact de ces objets n'arrive pas jusqu'à ses centres supérieurs et conscients. Mais cette impression faite sur la peau, par l'épingle ou le bouton est transmise par les nerfs jusqu'aux centres psychiques inférieurs. Or, cet acte de se coiffer ou de se boutonner est un acte habituel, automatique ; le polygone suffit à l'exécuter. L'intervention de O n'est nullement nécessaire. Donc, il n'est pas nécessaire que les impressions directrices de ces actes arrivent » jusqu'à O et soient perçues. Il suffit qu'elles arrivent aux centres psychiques inférieurs et qu'elles y provoquent l'acte automatique désiré.

Dans le polygone se fait aussi une synthèse primaire des sensations ou plutôt des impressions extérieures et, chose curieuse, le résultat de cette synthèse polygonale peut être perçu par O, alors que ce même centre supérieur ne perçoit pas certains des éléments composants de cette synthèse.

Ainsi, il y a des hystériques qui ne voient pas certaines couleurs : le rouge et le bleu par exemple. Quand, devant ces malades, on fait tourner le disque de Newton sur lequel toutes les couleurs de l'arc-en-ciel donnent par la rotation une sensation de blanc, l'hystérique devrait voir une couleur résultant de la superposition des seules couleurs qu'elle voit ; elle ne devrait pas voir blanc, puisque le blanc nécessite pour sa production ce rouge et ce bleu qu'elle ne voit pas. En réalité, elle voit blanc comme ceux qui distinguent toutes les couleurs. Donc, l'impression rouge et bleue n'arrive pas chez elle jusqu'à la conscience en O, mais elle arrive jusqu'au polygone où se fait la synthèse des couleurs en rotation et, comme le résultat de cette synthèse est le blanc, O le perçoit.

La même explication s'applique à des phénomènes bien paradoxaux en apparence que présentent certains de ces sujets qui ont perdu la vue dans une partie de leur rétine. On dit à un sujet de ce genre : « Vous vous endormirez dès que vous verrez cette clef. » On fait arriver la clef dans la partie du champ visuel pour laquelle le sujet est aveugle ; il ne voit pas la clef, mais il s'endort ; l'impression de la clef est arrivée jusqu'à son polygone et a déterminé l'hypnose.

Avec certaines hystériques l'expérience suivante réussit souvent. Le sujet ne sentant pas d'un côté du corps, on lui fait fermer les yeux et on lui dit : « Je vais vous piquer tantôt d'un côté, tantôt de l'autre ; quand vous sentirez, vous direz oui, et quand vous ne sentirez pas, vous direz non. » Et bravement il dit non (au moins les premières fois) quand on le pique dans les régions insensibles. C'est absurde, illogique, paradoxal ; c'est de la simulation. Pas du tout ; je dirai même : au contraire. Un sujet qui simule se gardera bien de faire cette sottise. Mais l'hystérique vrai dit *polygonalement* « non » quand l'impression de l'épingle, qu'il ne sent pas en O, arrive jusqu'à ses centres psychiques inférieurs.

Il y a encore un autre caractère de cette sensibilité du psychisme inférieur que je voudrais souligner : c'est son caractère d'*électivité* ou de systématisation.

C'est dans l'hypnose qu'il est le plus facile d'observer ce curieux phénomène.

Un sujet endormi reste en communication avec son hypnotiseur et peut ne voir et n'entendre que lui. Par suggestion, on peut faire disparaître ou apparaître certains spectateurs et pas d'autres.

Le somnambule ne voit et n'entend aussi que certaines personnes ou certains objets. Un sujet, observé par Castelli, travaille en sommeil, éclairé par la chandelle qu'il a allumée ; on la lui éteint ; étonné, il va à tâtons la rallumer à la cuisine ; et cependant, autour de lui, il y a d'autres lumières. Il ne voit plus parce que sa bougie est éteinte ; il se croit dans l'obscurité, alors que réellement la pièce est à ce moment très éclairée par d'autres chandelles.

Déjà dans le sommeil naturel on retrouve cette électivité à l'état rudimentaire : la mère endormie n'entend que son enfant dont le moindre vagissement l'éveille, alors que le bruit des voitures ou d'un train de chemin de fer ne trouble en rien son sommeil.

Au fond, ces phénomènes prouvent que le polygone est capable d'*attention*, toujours inconsciente bien entendu. Le psychisme inférieur ne fait attention qu'à certaines impressions ; il néglige et annule les autres.

Voilà tout un premier groupe de phénomènes qui se passent dans le psychisme inférieur : les impressions extérieures y arrivent ; le polygone, sensible, les perçoit, y fait plus ou moins attention et les utilise pour des actes automatiques et involontaires.

Les centres psychiques inférieurs peuvent aussi ne pas utiliser immédiatement les impressions, les emmagasiner et s'en servir ultérieurement : il y a une *mémoire* polygonale dont il est intéressant de démontrer l'existence et d'analyser les caractères.

Pour faire cette étude, il faut reprendre les états de désagrégation, dans lesquels le psychisme inférieur fonctionne séparément ; car, à l'état normal, les deux psychismes confondent leur action, d'une manière inextricable, pour la mémoire comme pour les autres fonctions psychiques.

Le somnambule ne se rappelle en général rien, au réveil, de ce qui s'est passé dans sa crise. Mais, dans la crise suivante, il peut se rappeler et se rappelle le plus souvent ce qui s'est passé dans les crises précédentes. Le plus souvent aussi, il se rappelle également, dans la crise, une grande partie de ce qui s'est passé à l'état de veille.

En d'autres termes, le psychisme inférieur désagrégé dans la crise a à la fois sa mémoire de désagrégation et sa mémoire de la veille. Cette mémoire polygonale, qui se meuble à la fois pendant la crise et pendant la veille, est plus étendue que la mémoire de O, qui se meuble exclusivement dans l'état de veille. Comme dit Myers, « c'est la mémoire la plus éloignée de la vie éveillée qui a la portée la plus vaste, dont le pouvoir sur les impressions emmagasinées dans l'organisme est le plus profond. »

Donc, pour déceler la mémoire polygonale, il faut étudier le sujet en état de désagrégation. Le sommeil naturel peut parfois être utilisé pour cela.

Bien des personnes se rappellent dans le sommeil ce qu'elles ont rêvé dans le sommeil précédent et peuvent ainsi reprendre, d'un sommeil à l'autre, et continuer un rêve commencé. Ainsi Mme Rachilde, citée par Chabaneix, reprend et continue un rêve d'un sommeil à l'autre, comme les tranches d'un feuilleton.

Les choses se passent de la même manière dans l'état de distraction.

Chez un sujet actuellement distrait, un souvenir se grave dans le polygone désagrégé, à l'insu des centres supérieurs. Un peu plus tard, étant de nouveau distrait, le sujet retrouve dans son psychisme inférieur, toujours à l'insu de O, le souvenir qui y a été déposé ; il l'utilise, l'applique, s'en sert. Automatiquement il agit conformément à ce souvenir acquis inconsciemment. Et le centre supérieur, toujours ignorant de l'origine de l'acte, croit en être l'auteur exclusif : il considère son acte comme volontaire et conscient. Dans un curieux passage de *Crime et Châtiment* signalé par M. Jules Soury à M. Pierre Janet, Dostoïevsky donne un curieux exemple de cette mémoire polygonale, se retrouvant d'une crise de distraction à l'autre.

Raskolnikoff rencontre Svidrigaïloff et, tout étonné, lui dit : « J'allais chez vous ; mais comment se fait-il qu'en quittant le marché au foin, j'aie pris la Perspective ? Je ne passe jamais par ici, je prends toujours à droite, au sortir du marché au foin... à peine ai-je tourné de ce côté que je vous aperçois, chose étrange ! — Mais, répond Svidrigaïloff, vous avez apparemment dormi tous ces jours-ci ; je vous ai moi-même donné l'adresse de ce traktir et il n'est pas étonnant que vous y soyez venu tout droit. Je vous ai indiqué le chemin à suivre et les heures où l'on peut me trouver ici ; vous en souvenez-vous ? — Je l'ai oublié, dit Raskolnikoff avec surprise. — Je le crois. A deux reprises, je vous ai donné ces indications ; *l'adresse s'est gravée machinalement dans votre mémoire et elle vous a guidé à votre insu.* Du reste, pendant que je vous parlais, je voyais bien que vous aviez l'esprit absent. »

Toute la théorie du fait est dans la phrase que j'ai soulignée. Evidemment Raskolnikoff avait l'esprit absent, son O était distrait, quand Svidrigaïloff a déposé tous ces renseignements dans son polygone. Et Raskolnikoff n'avait pas oublié ; il s'était souvenu, mais inconsciemment, avec son polygone qui, seul, avait reçu l'impression. O n'avait rien oublié, n'ayant rien appris.

Sans changer de nature, ce phénomène de mémoire polygonale devient encore bien plus curieux quand on l'étudié dans l'hypnose, c'est-à-dire dans cet état de désagrégation suspolygonale et de suggestibilité qu'on développe dans l'hypnotisme. La chose est surtout remarquable dans ce que l'on appelle la *suggestion à longue échéance.*

Dans le sommeil provoqué, vous dites au sujet : « Dans 45 jours, à 4 heures du soir, vous irez à telle adresse et vous ferez telle chose. » Le sujet éveillé ne se rappelle rien de l'ordre donné. Et cependant, au jour fixé et à l'heure indiquée, il exécute l'ordre. Que s'est-il passé ?

Dans l'hypnose première, le polygone du sujet a emmagasiné l'ordre. De temps en temps il se l'est remémoré : dans le sommeil naturel, par exemple, quand il était désagrégé et indépendant, il a calculé son temps. Puis, au moment voulu, par une *auto-suggestion*, le polygone s'est désagrégé et le sujet a accompli l'acte prescrit. La preuve qu'il en est ainsi est que le sujet exécutant ainsi un ordre à longue échéance n'est pas dans son état normal ; il est dans un état second, quasi somnambulique et hypnotique.

C'est bien un phénomène analogue que nous a présenté le héros de Dostoïevsky : il exécute, à heure donnée, des instructions inconsciemment reçues, un certain temps auparavant, par son polygone, dans un moment de distraction.

Quant à la faculté qu'a le polygone de calculer le temps, faculté qui est portée à sa plus haute puissance chez le sujet hypnotisable, on en a déjà une idée élémentaire dans la vie courante, quand on s'éveille, le matin, à l'heure que l'on a fixée à son polygone, le soir, avant de s'endormir.

Dans tous les exemples qui précèdent, nous avons toujours suivi et retrouvé la mémoire polygonale d'une crise à l'autre d'un même état de désagrégation, d'une distraction à l'autre, d'un sommeil à l'autre, d'une hypnose à l'autre. On peut aussi retrouver dans un état donné de désagrégation ce que la mémoire polygonale a enregistré dans un autre état de désagrégation ; *non similaire*, différent du premier.

Ainsi dans le sommeil naturel on peut retrouver un souvenir enregistré à l'état de veille, mais en distraction. Vous placez un objet quelque part distraitement, sans que O y fasse attention. Quelque temps après, il vous est impossible de dire où est cet objet, puisque vous n'avez pas eu conscience du lieu où il est ; vous le déclarez égaré, perdu. Si le polygone a, à votre insu, enregistré ce souvenir, vous pourrez le retrouver dans le sommeil, c'est-à-dire quand le psychisme inférieur, désagrégé, recouvre toute son activité propre.

Une fillette, citée par Myers, perd un petit couteau auquel elle tenait beaucoup et ne le trouve plus. Une nuit, elle rêve qu'un frère qu'elle avait perdu et beaucoup aimé, lui apparaît et la conduit par la main à l'endroit précis où était le couteau. Elle s'éveille, y va et le trouve. On prévoit combien il sera difficile d'empêcher cette enfant (et bien d'autres personnes) de croire à une révélation d'outre-tombe. C'est cependant un simple fait polygonal analogue à tous ceux déjà cités.

Dans le sommeil, le psychisme inférieur a retrouvé le souvenir déposé dans sa mémoire en un moment de distraction ; il a, avec son imagination, mis cette découverte dans un cadre imagé, il a *dramatisé* l'impression, et le rêve a pris cette apparence divinatoire.[1]

D'une manière générale, un bon moyen, peut-être le seul, de révéler ce qu'il y a dans un polygone est de le désagréger de son O.

Certains malades ont leur vie psychique tout entière dirigée, tyrannisée par une idée fixe dont ils ignorent eux-mêmes la nature exacte ; c'est une idée fixée, comme un parasite, dans leur polygone. Le médecin, qui a grand intérêt à connaître cette idée pour essayer de la détruire ou de la contre-balancer, endort le sujet et découvre l'idée dans le polygone désagrégé.

Un autre malade est frappé d'amnésie : il a perdu tous les souvenirs se rapportant à une période donnée de son existence. On l'endort. Il retrouve tous les souvenirs qu'il croyait n'avoir pas acquis.

C'est un des côtés par lesquels l'hypnose peut utilement servir au diagnostic et au traitement.

Chez certains sujets, l'hypnose n'est pas nécessaire. Il suffit, pour lire dans leur polygone, de les distraire : on occupe fortement leur centre O ; en même temps, on leur met un crayon dans la main ; on leur pose quelques questions à voix basse et ils écrivent, automatiquement et inconsciemment, les pensées secrètes de leur polygone.

Il y a bien d'autres moyens de désagréger le polygone et de lui faire déballer ses souvenirs : la cristallomancie par exemple. C'est une pratique vieille comme le monde. D'après la Genèse (chap. XLIV, 5), Joseph fait mettre sa coupe d'argent à l'entrée du sac de Benjamin et charge l'intendant de sa maison de dire ensuite à ses frères, en les arrêtant : «… La coupe que vous avez dérobée est celle dans laquelle mon seigneur boit et dont *il se sert pour augurer.* » — On voit que Joseph Balsamo n'a rien inventé.

---

1 Myers dit très justement de ces rêves « hypermnésiques » : « On comprend que des manifestations de ce genre peuvent être prises par erreur pour de la rétrocognition, de la prémonition, de la clairvoyance directes, alors qu'en réalité elles ne constituent que des perceptions subliminales. »

Voici le procédé classiquement employé aujourd'hui, d'après M. Pierre Janet : « On se place en plein jour, on entoure le cristal d'écrans, de paravents ou d'étoffe noire, puis on installe le sujet commodément et on le prie de regarder fixement. » Il n'y a là rien de l'hypnose. Mais le sujet désagrège peu à peu son polygone et a peu à peu une hallucination dans laquelle réapparaissent, plus ou moins vivants et dramatisés, les souvenirs de son psychisme inférieur.[1]

On comprend que ces révélations du cristal prennent facilement l'apparence divinatoire, alors que ce sont uniquement des réminiscences polygonales. Rien de plus instructif à ce point de vue que le fait suivant raconté par Myers. « Mlle Goodrich Freer voit dans un cristal l'annonce de la mort d'une de ses amies, fait totalement étranger à son moi conscient ordinaire. En se reportant au *Times*, elle trouve, dans une feuille, dont elle s'était servie pour préserver sa face contre la chaleur de la cheminée, l'annonce de la mort d'une personne portant le même nom que son amie ; de sorte que les mots ont pénétré dans le champ de sa vision, sans atteindre son esprit éveillé. »

Voilà bien en effet toute l'explication de ce phénomène d'apparence divinatoire ou clairvoyante : en pensant à autre chose devant son feu, cette demoiselle a lu et retenu avec son polygone ce nom (qu'elle connaissait) dans le *Times* qui lui servait d'écran. Elle n'a eu aucune conscience et aucun souvenir conscient du fait. Mais, quand son polygone a été de nouveau désagrégé par la contemplation du cristal, il a retrouvé ce nom qui était celui d'une personne chère, il a dramatisé son souvenir et a fait apparaître dans le cristal la mort de cette amie.

Les souvenirs acquis par le psychisme inférieur en état de désagrégation peuvent ne pas rester toujours cantonnés dans le polygone ; ils peuvent dans certains cas se révéler aux centres supérieurs.

A table, à une personne distraite, absorbée dans ses pensées, vous demandez du pain. — Quoi ? dit le sujet interrogé, qui a entendu que vous l'interpelliez sans faire attention à votre demande. —

---

1 C'est un phénomène de ce genre que Guy de Maupassant décrit dans *le Horla*, quand, regardant dans une glace, il ne s'y voit pas et a toute une hallucination prolongée.

Réfléchissez ; je vous ai demandé quelque chose. — Ah ! oui ; du pain. Par un simple effort volontaire d'attention, le centre O du sujet a retrouvé dans son polygone, partiellement désagrégé, le souvenir déposé pendant la distraction.

Dans ce cas très simple, O, en retrouvant l'impression dans le psychisme inférieur, en reconnaît l'origine. Cette reconnaissance de l'origine devient plus difficile et reste incomplète dans les cas plus compliqués comme le suivant.

Vous voyez, en rêve, une personne ; le lendemain, vous la rencontrez dans la rue et la reconnaissez. Vous êtes stupéfait et croyez à la prémonition. Il n'en est rien. Vous aviez déjà rencontré cette personne une ou plusieurs fois sans faire attention à elle, c'est-à-dire sans que O gardât aucun souvenir d'elle. Mais son image s'était, à votre insu, gravée dans la mémoire polygonale. Vous l'avez retrouvée en rêve, dans vos centres psychiques inférieurs désagrégés et, le lendemain, vous vous êtes rappelé votre rêve quand vous l'avez rencontrée de nouveau.

La reconnaissance de l'origine polygonale d'une impression peut être plus incomplète encore et hésitante. Un soldat, cité par Tissié, rêve qu'il passe au Conseil de guerre et qu'il rend son sabre. Au réveil, craignant que ce cauchemar ne soit réel, il porte la main sur son sabre pour savoir s'il est encore près de son lit. M. Remy de Gourmont parfois, d'après Chabaneix, de la peine à distinguer le rêve de la réalité et confond par exemple ce qu'un ami lui a dit la veille et ce qu'il a rêvé la nuit précédente. Chez Edgar Poë l'impression est même si forte que « les idées folles du pays des songes » deviennent pour lui l' « unique et entière existence elle-même. »

Si la conscience de l'origine du souvenir manque complètement et si cependant le sujet reconnaît l'objet qu'il croit n'avoir jamais vu, il en résulte une angoisse souvent très grande. C'est ce que diverses personnes éprouvent et qu'on appelle sensation du « déjà vu, » du « déjà entendu, » du « déjà éprouvé » ou sensation de fausse reconnaissance. Aucune description ne vaut celle que M. Paul Bourget a bien voulu me donner de lui-même :

« Quelqu'un prononce une phrase et, avant que cette phrase ne soit terminée, j'ai l'impression soudaine et irrésistible que j'ai déjà entendu les mêmes mots, dits par la même personne, avec le même accent. L'illusion va plus loin. Aussitôt, ma propre réponse que je n'ai pas encore prononcée me paraît avoir été entendue par moi. Ou, pour être plus précis, j'ai l'impression que j'ai déjà émis les sons que je vais émettre, et cela à mesure que je les émets. C'est alors, et pendant que je parle, que l'illusion arrive à son comble. Il me semble tout d'un coup que cette phrase et ma réponse s'accompagnaient d'émotions que je ne retrouve plus. C'est comme si tout un monde de sentiments parus allait reparaître, qui ne reparaît pas et qui est là cependant. Je suis pris, malgré moi, d'une angoisse analogue à celle qui m'étreint dans mon rêve le plus fréquent, qui consiste à voir, bougeant et vivant, un ami que, même dans mon sommeil, je sais être mort. Pareillement dans les instants de fausse reconnaissance, je sais que les mots échangés entre la personne avec qui je cause et moi n'ont jamais été échangés auparavant. Je sais surtout que mes relations émotives avec cette personne sont actuelles et je sens que ces mots ont déjà été dits. Je sens surtout qu'ils correspondent à une situation morale tout autre, plus ample, plus profonde, plus tragique toujours, que celle où je suis réellement. Cette *dualité d'évidences inconciliables* joue dans le champ de ma conscience, pendant un instant qui est d'ordinaire très court et qui me paraît infiniment long. Puis le phénomène cesse et j'ai physiquement la sensation que l'on a au sortir d'un accès d'absolue distraction. Quand j'étais enfant, il m'arrivait d'être *distrait*, en effet, de la conversation qui me produisait cette impression au point de ne pas entendre matériellement les deux ou trois phrases qui suivaient celle où j'avais été saisi par l'illusion. »

Il est impossible de mieux dépeindre cette invasion du champ du psychisme supérieur par des souvenirs inconscients et ignorés du psychisme inférieur, la dualité des évidences inconciliables : la reconnaissance par O d'une sensation non encore éprouvée par lui, mais éprouvée par le même sujet dans son polygone.

A propos du même phénomène, M. Jules Lemaître a dit excellemment : « Notre vie intellectuelle est en grande partie inconsciente ; continuellement les objets font sur notre cerveau des impressions dont nous ne nous apercevons pas et qui s'y emmagasinent sans que nous en soyons avertis. »

A l'issue d'une distraction, d'un sommeil naturel ou surtout d'une hypnose ou d'une crise de somnambulisme, les centres supérieurs peuvent avoir une vraie *réminiscence* sans aucune sensation de reconnaissance, c'est-à-dire exprimer, comme neuves et personnelles, des idées qui procèdent directement d'impressions précédemment recueillies par le polygone désagrégé.

M. Louis Dumur a très curieusement décrit ce phénomène chez un grainetier somnambule qui passe ses nuits à meubler son polygone de littératures variées. Réveillé, son O retrouve tout cela dans les centres psychiques inférieurs ; n'en connaissant pas l'origine, il le prend pour une inspiration personnelle et le sert, comme composition de lui, dans une ville de province, où personne n'a beaucoup de littérature. Le plus joli, c'est l'impression que produisent, sur l'auditoire, ces vers débités par le grainetier dans les salons de la petite ville. On les trouve détestables, on se moque de lui. Personne ne se doute qu'il récite du Victor Hugo, du Lamartine ou du Musset, on le traite de *Coco* et on lui refuse, pour le feuilleton d'un journal local, la prose de Gustave Flaubert, *Madame Bovary*, devenue sous la plume du plagiaire inconscient : *Cette pauvre Emma* !

Il ne faut pas chercher dans ce joli roman une démonstration scientifique. Mais on peut y trouver une exposition bien vivante de l'activité polygonale chez le somnambule et des rapports de la mémoire du psychisme inférieur avec les centres psychiques supérieurs.

Enfin, le phénomène peut encore se compliquer et prendre des apparences plus bizarres, si le polygone, après avoir recueilli une impression, la modifie d'abord par une association d'images et d'idées et ne la révèle qu'ensuite, ainsi modifiée, à O.

Myers cite « le cas de cet étudiant en botanique qui, passant distraitement devant l'enseigne d'un restaurant, crut y lire les mots : *verbascum thapsus*. Or, le mot qui y était imprimé réellement était : *Bouillon* ; et le mot *bouillon* constitue la désignation française vulgaire de la plante *verbascum thapsus*. Il s'est produit ici une transformation subliminale de la perception optique actuelle et les mots *verbascum thapsus* ont été le message envoyé au moi supraliminal distrait par le moi subliminal plus occupé de botanique que d'un dîner. »

Le polygone, désagrégé de O distrait, avait lu *bouillon*, avait fait l'association, habituelle et facile à cause des études antérieures, entre bouillon et *verbascum thapsus*, et c'est cette dernière expression qui s'était gravée dans les centres psychiques inférieurs où les centres supérieurs l'avaient recueillie.

Nombreux sont les témoignages qui subissent cette transformation entre le crime et la cour d'assises. Que de faux témoins qui ne sont pas coupables, parce que leur fraude est inconsciente et involontaire (comme celles de certains médiums). La première impression vraie est dénaturée par l'imagination polygonale et les centres supérieurs l'expriment, consciemment et volontairement, sous cette forme qui, à leur insu, est devenue absolument erronée. L'entraînement passionnel, l'entraînement grégaire aboutissent ainsi à des raisonnements polygonaux dont les conclusions sont souvent extrêmement dangereuses.

Dans ces phénomènes, il y a à la fois *mémoire* et *imagination* polygonales. Ils servent donc d'introduction toute naturelle à l'étude de cette dernière fonction.

M. Dugas a bien étudié les formes inférieures de l'*imagination*, qui se développent surtout dans les périodes de repos de O, par exemple dans la *flânerie*. Amiel appelle la flânerie le « dimanche de la pensée. » D'après Töpffer, Socrate flâna des années, Rousseau jusqu'à quarante ans, La Fontaine toute sa vie. Combien profitables, ces flâneries, au développement de l'imagination polygonale !

Dans l'imagination du psychisme inférieur, on retrouve les deux éléments qui constituent essentiellement l'imagination en général : l'objectivation et la création.

J'ai déjà cité un exemple d'*objectivation* polygonale : c'est le cas du sujet en hypnose qui, sous l'influence de la suggestion, se transforme en archevêque ou en général. Le psychisme inférieur désagrégé objective complètement cette personnalité nouvelle : il marche, vit, par le en archevêque ou en général.

L'objectivation et le dédoublement de la personnalité sont encore plus nets chez le médium en transe. Rien de plus curieux à ce sujet que le roman royal d'Hélène Smith, si finement analysé par Flournoy.

Dans ses transes, Hélène a un esprit qui se révèle à elle et la guide (comme la commère des Revues) par des coups de table ou des révélations directes. A ce moment, c'est un *Léopold* qui représente Joseph Balsamo, c'est-à-dire Cagliostro, On montre à Hélène une image représentant la fameuse scène de cristallomancie avec carafe, entre Balsamo et la Dauphine, au château de Taverney, qu'Alexandre Dumas a décrite dans Joseph Balsamo et qui, depuis, est devenue très populaire. Hélène croit alors d'abord être la réincarnation de Lorenza Feliciani. Mais on lui démontre que Lorenza Feliciani n'a jamais existé que dans l'imagination d'Alexandre Dumas. Alors elle devient, dans ses transes, Marie-Antoinette. On voit le rôle que joue la suggestion dans le développement de cette transformation, en apparence spontanée, de la personnalité du médium.

Hélène compose alors admirablement son rôle de reine, avec grâce, élégance, majesté parfois, fait des révérences, joue avec son mouchoir réel et ses accessoires fictifs : l'éventail, le binocle à long manche, le flacon de senteur fermé à vis, à chaque contour n'oublie jamais de rejeter en arrière la traîne imaginaire de sa robe (elle s'y embrouille moins que Mme Sans-Gêne)… Elle écrit comme au XVIIIe siècle : *instants, enfans, étois*, prend un accent étranger, plutôt anglais (comme au théâtre) qu'autrichien, reste interdite quand on lui parle de téléphone, de bicyclette ou de locomotive. Les scènes se passent en général au Petit-Trianon et les mobiliers décrits sont toujours du pur Louis XVI…

On voit que l'objectivation est complète. La personnalité semble avoir entièrement disparu et être remplacée par celle de Marie-Antoinette. En réalité, la personnalité vraie d'Hélène reste étrangère à ces scènes ; c'est le polygone désagrégé qui prend cette personnalité nouvelle. Et ceci éclaire bien ce que l'on appelle en général : transformation de la personnalité.

Tout individu n'a qu'une personnalité physiologique vraie et normale, formée de l'ensemble et de la synergie de tous ses centres nerveux, jusques et y compris ses centres polygonaux et son centre O. Quand, dans des circonstances ou pour des causes diverses on voit (comme chez la célèbre malade d'Azam, Félida) surgir chez un sujet, pour un temps plus ou moins long, une ou plusieurs personnalités nouvelles, ce sont des personnalités fausses, incomplètes, apparentes. Si le sujet n'est pas aliéné, ce sont des personnalités polygonales.

Le centre O de Mme Hugo d'Alesi, qui est un grand médium, reste toujours lui-même, ce qu'il était avant la transe, et se retrouve au réveil sans changement, mais, pendant la transe, son polygone s'adapte successivement à diverses hypothèses ; il vit et réalise dans ses actes automatiques ces diverses hypothèses et par le successivement comme une petite fille, un rapin ou un poète.

Dans le même groupe rentrent les *hallucinations spéculaires* de certains sujets : c'est l'objectivation de son semblable qu'Alfred de Musset a si nettement indiquée dans la *Nuit de Décembre* :

Devant ma table vint s'asseoir

Un pauvre enfant vêtu de noir

Qui me ressemblait comme un frère.

George Sand a décrit complètement une de ces crises : « Couché sur l'herbe, dans le ravin, Laurent (Alfred de Musset) avait entendu l'écho chanter tout seul et, ce chant, c'était un refrain obscène. Puis, comme il se relevait sur ses mains pour se rendre compte du phénomène, il avait vu passer devant lui, sur la bruyère, un homme qui courait, pâle, les vêtements déchirés et les cheveux au vent. — Je l'ai si bien vu, dit-il, que j'ai eu le temps de raisonner et de me dire... et cet homme avançait toujours vers moi. Quand il a été tout près, j'ai vu qu'il était ivre et non pas poursuivi. Il a passé en me jetant un regard hébété, hideux, et en faisant une laide grimace de haine et de mépris. Alors, j'ai eu peur et je me suis jeté la face contre terre ; car cet homme... c'était moi ! »

Voilà des preuves bien suffisantes de la faculté d'*objectivation* dans le psychisme inférieur ; la faculté de *création* a donné lieu à plus de discussions.

Certes on ne peut pas nier que l'imagination polygonale ait la faculté de *construire* et par suite, dans un certain sens, de *créer*. Je n'en veux pour preuve que les romans polygonaux imaginés par les médiums, comme par exemple le roman martien d'Hélène Smith.

Dans une transe, elle voit une vive lueur dans le lointain et à une grande hauteur ; elle se sent balancée, puis, elle est dans un brouillard épais, bleu, puis rose vif, gris, noir. Elle flotte. Elle voit ensuite une étoile qui grandit, devient plus grande qu'une maison. Elle monte et arrive sur une terre : Mars. Elle réalise ainsi un vœu du professeur Lemaître, qui avait dit un jour : « Ce serait bien intéressant de savoir ce qui se passe dans d'autres planètes (c'était l'époque où on s'occupait partout de Mars, de ses canaux et de ses habitants possibles). »

Hélène décrit alors les paysages de cette planète inconnue, ses habitants... et elle invente de toutes pièces une langue, que M. V. Henry a étudiée de très près : le langage martien, qui est une vraie langue et non un simple jargon ou baragouinage de sons quelconques dits au hasard. Ce sont des mots, des mots qui expriment des idées, et le rapport des mots aux idées est constant ; la signification des termes martiens est constante. Cette langue a même ses consonances, son accent, ses lettres de prédilection ; ce qui fait qu'on la reconnaît quand Hélène la parle (alors même qu'on ne la comprend pas). C'est « une langue naturelle, en ce sens qu'elle est automatiquement enfantée, sans la participation consciente de Mlle Smith. »

Ceci établît bien évidemment l'imagination ardente de ce polygone désagrégé qui vagabonde *des Indes à la planète Mars*, et qui construit bien nettement des romans compliqués.

Mais on a voulu aller plus loin et faire jouer au psychisme inférieur un rôle prépondérant, sinon exclusif, dans l'*inspiration* artistique ou littéraire, en général. Ceci est plus discutable.

M. Ribot, dans son *Essai sur l'imagination créatrice*, déclare que le « facteur inconscient » de l'imagination est « ce que le langage ordinaire appelle l'inspiration. »

Les auteurs qui partagent cette manière de voir remarquent dans l'inspiration la brusquerie et l'inconscience, souvent très nette, du phénomène ; l'inspiré semble recevoir une révélation brusque et extériorise même souvent l'origine de cette inspiration. Ils montrent aussi le rôle du sommeil chez certains artistes dans la composition et en arrivent à formuler une théorie de l'inspiration automatique et inconsciente, de l'inspiration polygonale, à l'appui de laquelle ils citent les faits de Tartini, Schumann, Schubert... (Chabaneix, Régis). « Ce qui semble acquis, dit M. Ribot, c'est que la génialité ou du moins la richesse dans l'invention dépend de l'imagination subliminale, non de l'autre, superficielle par nature et promptement épuisée. Inspiration signifie imagination inconsciente et n'en est même qu'un cas particulier. L'imagination consciente est un appareil de perfectionnement. »

Je ferai d'abord remarquer que les deux grands caractères « soudaineté, impersonnalité » de l'inspiration ne prouvent rien ni pour ni contre la théorie polygonale exclusive. Ce sont des caractères mystérieux qui peuvent se présenter dans tous les psychismes, dans le supérieur comme dans l'inférieur. Dans les réflexions les plus volontaires et les plus conscientes, se passant certainement en O, nous avons parfois brusquement de ces révélations subites, que nous n'expliquons pas. Ce sont des associations rapides et neuves, dont nous ne voyons pas le mécanisme. Ce sont des créations.

En fait, je crois que, physiologiquement, chez les équilibrés l'inspiration, l'imagination créatrice a pour organes à la fois les deux ordres de centres psychiques qui s'unissent dans la collaboration quotidienne. Gœthe décrit admirablement l'amalgame, la combinaison, la « chimie, *à la fois inconsciente et consciente* » qui aboutit à la production géniale. Dans beaucoup de compositions, il ne faut pas, comme dit Chabaneix, voir du subconscient, mais « au contraire exagération d'attention consciente. »

Dans les cas où le polygone paraît avoir la plus grande activité, c'est encore O qui lui a donné l'idée et l'a lancé sur une piste. O crée, le polygone rumine et, par suite, contribue puissamment à trouver l'expression.

Il y a d'ailleurs des types physiologiques différents, suivant que prédomine O, le polygone ou la collaboration équilibrée des deux. Il faut d'ailleurs remarquer que l'équilibre parfait n'est pas un signe de plus grande supériorité : au contraire ! Les grands supérieurs sont des déséquilibrés, parce qu'ils ont une grande prédominance d'une partie. Les très équilibrés sont des médiocres. En général, les talents sont plus équilibrés que les génies. Ce qui ne veut pas dire que le génie soit une névrose et doive être rapproché de l'épilepsie.

C'est avec les types de déséquilibrés ou de moins bien équilibrés qu'on voit mieux le rôle respectif de chaque psychisme dans l'inspiration et dans la composition : certains sujets sont plus polygonaux que d'autres. De plus, la force de ces divers centres varie infiniment suivant les personnes. Certains ont, dans leur psychisme inférieur, une force intellectuelle infiniment plus forte que d'autres dans tout l'ensemble de leur psychisme.

Mais, toutes choses égales d'ailleurs, l'imagination polygonale ne fait pas neuf comme l'imagination de O. Le summum de la production exclusivement polygonale est réalisé par les romans des médiums. Et M. Ribot cite les rêveries d'Hélène Smith comme exemple d'imagination créatrice.

C'est bien là en effet de l'imagination constructive. Mais ces romans sont au fond simples, peu élevés, nullement neufs ; il n'y a là rien de créateur ni de génial. Ainsi la langue martienne qui semble une merveilleuse invention d'Hélène n'est au fond que du français, comme syntaxe et grammaire ; le polygone du médium avait coulé ses élucubrations, à apparences baroques et inédites, dans les moules accoutumés de la seule langue réelle dont elle eût connaissance. Le professeur de Genève a très bien montré que, malgré toutes les apparences, dans le roman martien (comme dans les autres cycles du même médium), il n'y avait rien de neuf, rien de créé.

« C'est, dit-il, une bonne et sage petite imagination de dix à douze ans, qui trouve déjà suffisamment drôle et original de faire manger les gens de là-haut dans des assiettes carrées avec une rigole pour le jus, de charger une vilaine bote, à œil unique, de porter la lunette d'Astané (c'est un Martien), d'écrire avec une pointe fixée à l'ongle de l'index au lieu d'un porte-plume, de faire allaiter les bébés par des tuyaux allant directement aux mamelles d'animaux pareils à des biches… Rien des *Mille et une Nuits*, des *Métamorphoses d'Ovide*, des *Contes de fées* ou des *Voyages de Gulliver*. Pas trace d'ogres, de géants ou de véritables sorciers, dans tout le roman. On dirait l'œuvre d'un jeune écolier, à qui on aurait donné pour tâche d'inventer un monde aussi différent que possible du nôtre, mais réel, et qui s'y serait consciencieusement appliqué en respectant naturellement les grands cadres accoutumés, hors desquels il ne saurait concevoir l'existence, mais en lâchant la bride à sa fantaisie enfantine sur une foule de points de détail, dans les limites de ce qui lui paraît admissible d'après son étroite et courte expérience. »

Et ce que Flournoy dit là d'Hélène Smith, on peut le dire aussi justement de tous les médiums, qui, dans les séances de spiritisme, ne font preuve d'aucune imagination créatrice.

« Comment, dit M. Pierre Janel, comment les lecteurs de ces

messages (des esprits évoqués) ne se sont-ils pas aperçus que ces élucubrations, tout en présentant quelques combinaisons intelligentes, sont, au fond, horriblement bêtes et qu'il n'est pas nécessaire d'avoir sondé les mystères d'outre-tombe pour écrire de semblables balivernes. Corneille, quand il parle par la main des médiums, ne fait plus que des vers de mirliton et Bossuet signe des sermons dont un curé de village ne voudrait pas pour son prône. Wundt, après avoir assisté à une séance de spiritisme, se plaint vivement de la dégénérescence qui a atteint, après leur mort, l'esprit des plus grands personnages ; car ils ne tiennent plus que propos de démens et de gâteux. Allan Kardec, qui ne doute de rien, évêque tour à tour des âmes qui habitent des séjours différents et les interroge sur le ciel, l'enfer et le purgatoire… Mais qu'on lise la déposition de M. Samson ou de M. Jobard, de ce pauvre Auguste Michel ou du prince Ouran, et l'on verra que ces braves esprits ne sont pas mieux informés que nous et qu'ils auraient grand besoin de lire eux-mêmes les descriptions de l'enfer et du paradis, données par les poètes, pour savoir un peu de quoi il s'agit… Ce serait vraiment à renoncer à la vie future, s'il fallait la passer avec des individus de ce genre. »

N'étudiant pas, dans cet article, le spiritisme et sa valeur, je ne retiens de ces constatations très exactes qu'une chose : ce sont les limites de l'imagination polygonale, même quand elle est portée à son summum, comme chez les médiums.

Pour créer véritablement, en art ou en littérature, ou en science, l'homme n'a pas trop de son entier psychisme : le psychisme polygonal est un puissant collaborateur de O, mais c'est toujours un *psychisme inférieur*.

Il y a une dernière question, dont l'exposé complet nécessiterait tout un article, mais que je dois indiquer en terminant : c'est le rôle respectif des deux psychismes dans le problème de la *responsabilité individuelle*.

Je ferai remarquer d'abord que je ne prétends m'occuper ici que de la responsabilité physiologique et médicale, bien distincte de la responsabilité morale. Quelle que soit l'opinion philosophique et religieuse d'un expert, quelle que soit sa manière de voir sur le libre arbitre, le principe de l'obligation, du mérite et du démérite, il a l'exclusif devoir de déterminer si l'*outil* matériel de l'accusé est sain ou malade, si son système nerveux est dans un état suffisant d'intégrité pour qu'il puisse être déclaré *médicalement responsable.* Le médecin doit tellement se cantonner dans ce rôle exclusif qu'il peut déclarer médicalement responsable un sujet que, juré, il ne déclarerait pas *coupable.*

On peut donc dire, sans se faire anathématiser ou brûler, que la responsabilité physiologique ou médicale est *fonction* des centres nerveux, des *centres psychiques.* Dès lors, la question se pose : les divers centres psychiques sont-ils, également et au même titre, facteurs de responsabilité ?

Je crois pouvoir catégoriquement répondre : Non. On n'est pas responsable de ses actes polygonaux ; on est responsable des actes de O.

En prenant des types bien nets de fonctionnement isolé du psychisme inférieur, la démonstration est claire. Un hypnotisé, un somnambule ne sont pas responsables des actes commis pendant leur crise, c'est-à-dire quand ils n'agissent qu'avec leurs centres psychiques inférieurs. La chose est si vraie que, si un crime est commis par un hypnotisé, la condamnation devra atteindre le seul hypnotiseur, celui dont O a déterminé l'acte polygonal du sujet. On ne punit que O ; O seul est responsable.

Ce qu'on appelle acte libre et volontaire est (en dehors de toute idée philosophique ou religieuse sur le libre arbitre et sur l'âme) un acte de très haute synthèse psychique. Pour que le sujet en soit responsable, il faut que tous ses centres psychiques soient intervenus dans la décision prise ; il faut que O ait exercé sa haute fonction de conscience, de jugement et de volition.

Si la dissociation des deux psychismes est moins complète, mais existe dans une certaine mesure, la responsabilité ne sera pas abolie ; mais elle pourra être atténuée ou diminuée, dans une proportion plus ou moins grande.

A cette catégorie appartiennent les crimes passionnels et les crimes grégaires. La passion, l'entraînement des foules diminuent dans une proportion variable le contrôle du sujet, émancipent plus ou moins son polygone, atténuent par suite plus ou moins sa responsabilité, qui se déplace parallèlement sur le meneur.

La même distinction, que je crois féconde, s'applique aux maladies du psychisme.

Les progrès de l'analyse clinique dans les maladies du système nerveux ont fait voir qu'il y a un élément psychique indiscutable dans des maladies qui n'entraînent pas l'internement, qui ne sont pas des maladies mentales, l'hystérie par exemple. Si on ne distingue pas les deux psychismes, le mot mental et le mot psychique deviennent synonymes et alors toutes les maladies psychiques sont considérées comme entraînant l'irresponsabilité. Tous les hystériques deviennent irresponsables et cependant tous les hystériques ne doivent pas être internés dans des asiles d'aliénés. De même si, avec Bernheim, on étend le mot suggestion à toutes les influences d'un psychisme sur un autre, on déclarera irresponsables non seulement ceux qui ont été réellement suggérés dans l'hypnose, mais ceux qui ont été persuadés, conseillés, entraînés... Tous les mobiles et tous les motifs deviennent des instruments de suggestion. Et comme seul le fou agit sans mobiles et sans motifs, tous ceux qui ne sont pas fous deviennent irresponsables.

Cet abus de l'irresponsabilité disparaîtra ou deviendra bien moins dangereux si on sépare soigneusement les deux ordres de psychisme : il n'y a d'irresponsabilité que quand O n'est pas intervenu dans l'acte ou quand O est malade.

Il faut donc distinguer les maladies mentales, qui sont les maladies de O et entraînent l'irresponsabilité, et les maladies psychiques qui peuvent laisser O intact et par suite laisser la responsabilité intacte ou seulement l'atténuer.

De même, pour la suggestion et la persuasion : si j'endors un sujet, si j'annihile son O, que je m'adresse à son polygone ainsi désagrégé et que, dans cet état, je lui fasse commettre un crime, il n'est pas responsable et je suis seul coupable. Mais si, comme je m'efforce de le faire en ce moment, je m'adresse à l'entier psychisme de mon lecteur, si je cherche à le persuader, si je cherche à convaincre son O, au lieu de chercher à l'annihiler comme tout à l'heure, je ne lui enlève aucune responsabilité des actes qu'il pourra commettre après la lecture de mon article.

Ainsi envisagée, la question du psychisme inférieur dépasse le domaine ordinaire de la physiologie et de la médecine et apparaît comme un de ces grands chapitres de biologie humaine, qui intéressent les philosophes, les sociologues et… tout le monde.

ISBN : 978-1724775160